Burg Hohenzollern

Historische Fotografien 1850–1970

Die Postkartenansicht: Burg Hohenzollern vom benachbarten Zeller Horn aus gesehen, Ansichtskarte aus den 1950er-Jahren.

Burg Hohenzollern

Friedrich der Öttinger schlägt sich durch den Tross der Belagerer 1423.
Jos. Niklas legt den Grundstein zum Neubau der Burg im Beisein Fürstlicher

FRIEDRICH DER GROSSE
KÖNIG VON PREUSSEN
1740 – 1786

FRIEDRICH WILHELM II.
KÖNIG VON PREUSSEN

Ulrich Feldhahn

Burg Hohenzollern

Historische Fotografien 1850–1970

SUTTON

Impressum
Sutton Verlag GmbH
Hochheimer Straße 59
99094 Erfurt
www.suttonverlag.de

ISBN: 978-3-95400-405-8

Gestaltung und Satz: Sutton Verlag
Druck: Florjančič Tisk d.o.o. / Slowenien

Inhaltsverzeichnis

Bildnachweis und Literaturauswahl

Bildnachweis

Archiv des Verfassers: Cover hinten links, S. 12, 50
Michaela Blankart, Berlin: S. 2, 36, 38–40, 41 unten
Markus Bogenschütz, Hechingen-Boll: S. 53
Foto-Marburg: S. 21
Fürstlich Fürstenbergisches Archiv, Donaueschingen: S. 44–46
Fürstlich Hohenzollernsche Sammlungen, Sigmaringen: Cover vorne, S. 13, 16–19
Hausarchiv d. vorm. reg. Preußischen Königshauses, Burg Hohenzollern: Cover hinten rechts, Vorsatz, Nachsatz, S. 8, 14, 15, 22–35, 41 oben, 42, 47, 48, 51, 52, 54–75
Hohenzollerisches Landesmuseum, Hechingen: S. 10, 20
Thomas Strobel, Rangendingen: S. 43
Verwaltung Burg Hohenzollern, Roland Beck: S. 11

Literaturauswahl

Bothe, Rolf: Burg Hohenzollern. Von der mittelalterlichen Burg zum nationaldynastischen Denkmal im 19. Jahrhundert, Berlin 1979.

Egler, Ludwig: Führer durch Hechingen und die Burg Hohenzollern,Sigmaringen 1863.

Egler, Ludwig: Chronik der Stadt Hechingen, Hechingen 1887 (neu herausgegeben von Bruno Ewald Reiser und Walter Sauter, Hechingen 1980).

Feldhahn, Ulrich: Rudolf v. Stillfried, Kloster Heilsbronn und die Burg Hohenzollern, in: Zeitschrift für Hohenzollerische Geschichte, Sigmaringen 2005, S. 27–46.

Lindeiner gen. v. Wildau, Christoph von: Burg Hohenzollern als preußisch-deutsche Garnison und befestigter Platz, in: Zeitschrift für Hohenzollerische Geschichte, Sigmaringen 1967, S. 53–131.

Mors, Karl: Hechingen und Zoller-Burgen in alten Ansichten, Sigmaringen 1982.

Münch, Paul: Rollender Stein und schlafender Kaiser. Der Hohenzoller als Nationalsymbol, in: Zeitschrift für Hohenzollerische Geschichte, Sigmaringen 2002, S. 469–499.

Oster, Uwe: Hechingen und die Burg Hohenzollern in alten Ansichten, Erfurt 2006.

Prinz von Preußen, Louis Ferdinand: Im Strom der Geschichte, München 1993.

Schmitt, Günter: Burgen, Schlösser und Ruinen im Zollernalbkreis, Ostfildern 2007.

Stillfried-Alcántara, Rudolf Graf von: Beschreibung und Geschichte der Burg Hohenzollern nebst Forschungen über den Urstamm der Grafen von Zollern, Berlin 1870 (neu herausgegeben von Ulrich Feldhahn, Berlin 2006).

Vorwort

Majestätisch thront der Stammsitz der Hohenzollern auf dem der Schwäbischen Alb bei Hechingen vorgelagerten Zollerberg. Der Anblick der vieltürmigen Anlage mit ihren Mauern und Zinnen mag manchem als Idealbild einer mittelalterlichen Burg erscheinen, doch handelt es sich bei genauerer Betrachtung weitgehend um ein Bauwerk des 19. Jahrhunderts, das unter Einbeziehung noch erhaltener Reste der beiden Vorgängerburgen eine eigenständige Schöpfung des Historismus darstellt.

Die bereits ab 1819 schrittweise geplante und letztlich 1850 bis 1867 ausgeführte Wiederherstellung der Burg fällt auch in die Frühzeit der Fotografie. Somit überrascht es wenig, dass bereits während der Bauarbeiten mehrere Fotoserien entstanden, die uns heute bemerkenswerte Einblicke in den Entstehungsprozess dieses imposanten Bauwerks gewähren. Da die Burganlage bereits in dieser Zeit öffentlich zugänglich war und sich bis zur Jahrhundertwende zu einer touristischen Attraktion von überregionaler Bedeutung entwickelte, entstand zugleich eine Vielzahl von Ansichtskarten, deren Motivik und Gestaltung auch stets etwas vom Zeitgeist und Lebensgefühl der jeweiligen Epoche erahnen lassen …

Zu Beginn des 20. Jahrhunderts wurde eine Reihe von hochwertigen Innenaufnahmen der Burg angefertigt, die in ihrer Detailschärfe großen dokumentarischen Wert besitzen und uns das ursprüngliche Erscheinungsbild dieser teilweise später veränderten Räume vermitteln. Schließlich entstanden auch immer wieder zahlreiche Momentaufnahmen von familiären oder gesellschaftlichen Ereignissen auf der Burg, in denen insbesondere ihre bis in die Gegenwart anhaltende Bedeutung als privater Familiensitz zum Ausdruck kommt.

In diesem Buch wird eine repräsentative Auswahl von Fotografien aus dem Zeitraum von etwa 1850 bis 1970 vorgestellt. Dabei ist allen privaten wie öffentlichen Sammlern und Institutionen, die hierfür großzügigerweise Abbildungsmaterial zur Verfügung gestellt haben, vielfach zu danken. Sämtlichen hier zusammengetragenen Aufnahmen ist gemein, dass sie ein Stück Geschichte optisch eingefangen und diese damit für uns bewahrt haben. Dafür gebührt rückblickend auch allen denjenigen, die diese Bilder einst geschaffen haben, Achtung und Dank.

Berlin, im August 2014
Ulrich Feldhahn

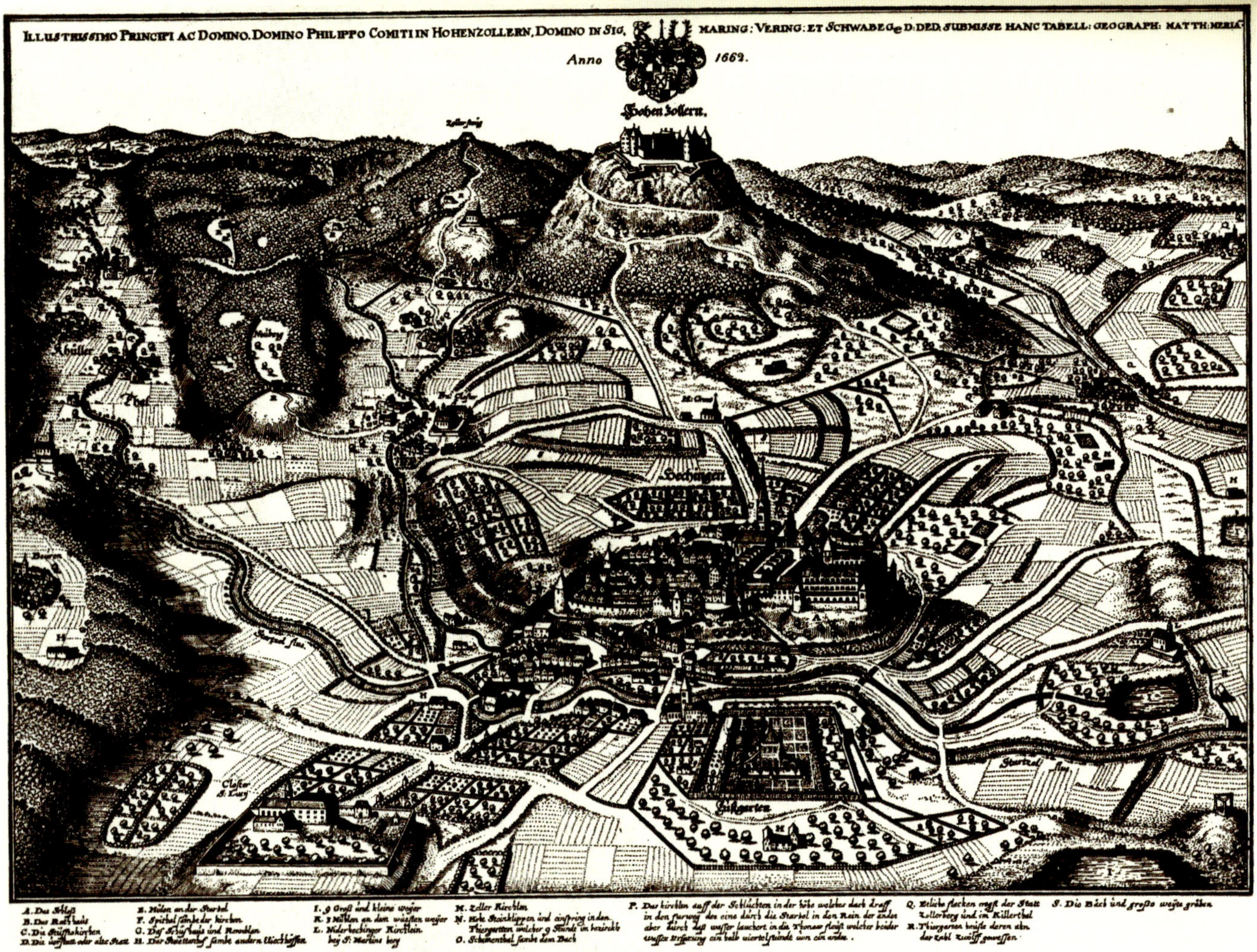

Hechingen und die Burg Hohenzollern nach einem Kupferstich von Matthäus Merian von 1643 bzw. 1662.

Einleitung

„Die Zollerburg in Schwaben,
von Alters ruhmbekannt,
vor jeder Burg erhaben
im deutschen Vaterland."

So vollmundig und unbescheiden beginnt ein 1871 als illustriertes Schmuckblatt erschienenes Gedicht des Grafen Rudolf von Stillfried-Alcántara (1804–1882) über die Burg Hohenzollern. Der Altertumsforscher und Zeremonienmeister am preußischen Hof war in den drei Jahrzehnten zuvor maßgeblich an deren Wiederaufbau beteiligt gewesen und sah in ihr gewissermaßen auch eine Möglichkeit, seiner eigenen Tätigkeit ein Denkmal zu setzen.

Tatsächlich liegen die Anfänge des Stammsitzes der im Jahre 1061 erstmals urkundlich erwähnten Hohenzollern weitgehend im Dunkeln. Vermutlich gab es an dem topografisch markanten Punkt bereits im 11. Jahrhundert eine Bebauung. Das nahe gelegene Kloster in Stetten bei Hechingen wurde 1267 als „sub castro zolre", also unterhalb der Zollerburg beschrieben. Diese muss bereits damals eine vergleichsweise stattliche Anlage gewesen sein, wie aus anderen Quellen hervorgeht, ohne dass deren Aussehen näher überliefert wäre.

Schon zu Beginn des 13. Jahrhunderts hatten die Hohenzollern eine Erbteilung vollzogen, aus der zwei bis heute bestehende Hauptlinien hervorgingen: der schwäbische Zweig der Grafen und späteren Fürsten von Hohenzollern sowie eine fränkische Linie der Burggrafen von Nürnberg, aus der 1415 die Kurfürsten von Brandenburg und 1701 die preußischen Könige hervorgingen, die von 1871 bis 1918 zugleich als Deutsche Kaiser amtierten.

Die erste Zollerburg wurde indessen 1423 nach einer mehrmonatigen Belagerung durch einen Städtebund unter württembergischer Führung eingenommen und vollständig zerstört. Nachdem eine kaiserliche Anordnung zunächst einen Wiederaufbau untersagte, wurde dieses Verbot später wieder aufgehoben, so dass 1454 die Grundsteinlegung zum Bau der zweiten Burg stattfinden konnte. Diese stellte sich als charakteristisch spätmittelalterliche Anlage mit drei nach Westen gerichteten Rundtürmen dar. Die 1461 geweihte St. Michaelskapelle hat sich davon bis heute erhalten.

Im Hinblick auf den Dreißigjährigen Krieg wurde die Burg von einem Bastionsring nach italienischem Vorbild umgeben, jedoch 1634 erneut von schwedischen Truppen eingenommen. In der 1643 erstmals erschienenen „Topographia Sueviae (Topografie Schwabens)" von Matthäus Merian (1593–1650) findet sich eine vergleichsweise zuverlässige Darstellung der Anlage, die jedoch an Bedeutung verlor und schließlich bis 1771 als militärischer Stützpunkt Vorderösterreichs diente. Zuletzt präsentierte sich die Stammburg der Hohenzollern nur mehr als Ruine, zumal sich der inzwischen in eine Hechinger und eine Sigmaringer Linie geteilte schwäbische Familienzweig längst andernorts neue Wohnsitze geschaffen hatte.

Grafische Ansicht der ruinösen Burg Hohenzollern zu Beginn des 19. Jahrhunderts mit der noch erhaltenen St. Michaelskapelle links und dem in Teilen erneuerten Wehrhaus rechts.

In diesem beklagenswerten Zustand fand auch der preußische Kronprinz und spätere König Friedrich Wilhelm IV. (1795–1861) bei einem Besuch im Sommer 1819 den Stammsitz seiner Dynastie vor. Dennoch machte dieses Erlebnis auf den historisch wie architektonisch gleichermaßen interessierten jungen Thronfolger großen Eindruck, so dass bereits damals der Gedanke an eine Wiederherstellung entstand. Diesem Vorhaben standen jedoch die hierfür zunächst nur spärlich bewilligten Mittel sowie die auch in den schwäbischen Fürstentümern herrschende prekäre Finanzlage entgegen.

Nach ersten eher unentschlossenen Maßnahmen ging ein entscheidender Impuls von der 1830 erfolgten Bekanntschaft des Kronprinzen mit Rudolf von Stillfried aus, der ihn von der weitreichenden Bedeutung eines Wiederaufbaus der Burg überzeugte und in seinem Auftrag erste Forschungen anstellte, zumal die frühe Geschichte des Hauses Hohenzollern zu diesem Zeitpunkt nur wenig bekannt war. Im Jahre 1846 wurde schließlich mit den Fürsten von Hohenzollern-Hechingen und -Sigmaringen vertraglich eine Wiederherstellung beschlossen, deren architektonische Gestaltung Friedrich August Stüler (1800–1865), dem seinerzeit bedeutendsten Vertreter der Berliner Bauschule, übertragen wurde.

Nach der Erstellung erster Entwürfe und dem Bau einer neuen Fahrstraße wurde das Unternehmen durch die Revolution von 1848, die sowohl in Berlin als auch im deutschen Südwesten für erhebliche Unruhen sorgte, erneut unterbrochen. Als Reaktion darauf dankten die beiden schwäbischen Fürsten im Folgejahr zu Gunsten ihres preußischen Vetters ab, so dass die einstigen Stammlande der Hohenzollern 1850 preußisch wurden und sich dadurch auch für das gemeinsame Bauvorhaben gänzlich neue Voraussetzungen ergaben.

Unter dem Eindruck der revolutionären Ereignisse sollte die Burg nun auch wieder befestigt und mit einer ständigen Militärbesatzung versehen werden, was den Bau eines Wehr-

König Friedrich Wilhelm IV. von Preußen, Detail einer Bronzestatue von Gustav Bläser von 1865, die heute vor dem Chor der St. Michaelskapelle auf der Burg Hohenzollern steht.

hauses und die Aufstockung aller geplanten Gebäudeflügel zur Folge hatte. Für die Erneuerung der Fortifikationen lieferte der preußische Militäringenieur Moritz von Prittwitz (1795–1885), der zeitgleich mit der Planung der Ulmer Bundesfestung beschäftigt war, entsprechende Entwürfe. Im September 1850 erfolgte die Grundsteinlegung durch Prinz Wilhelm von Preußen (1797–1888), Bruder und Nachfolger des kinderlosen Königs sowie nachmaliger Kaiser Wilhelm I. Im Sommer des Folgejahres kamen beide erneut, um die Huldigung von Vertretern der „Hohenzollernschen Lande“ im Burghof entgegen zu nehmen. Friedrich Wilhelm IV. reiste ein letztes Mal 1856 zur Einweihung des Rohbaus an, erlitt jedoch wenig später den ersten mehrerer Schlaganfälle und verstarb 1861, ohne die Fertigstellung seiner dritten Burg erlebt zu haben.

Bedingt durch das eher verhaltene Interesse seines Nachfolgers sowie die in den 1860er-Jahren einsetzenden kriegerischen Auseinandersetzungen Preußens geriet der Bau immer wieder ins Stocken, doch gelang es dem inzwischen in den Grafenstand erhobenen und mit zahlreichen Ämtern und Würden versehenen Stillfried, das Vorhaben stetig voranzutreiben und letztlich abzuschließen. Am 3. Oktober 1867 erfolgte in Anwesenheit Wilhelms I., seiner Gemahlin sowie seines Sohnes und Angehörigen des Sigmaringer Fürstenhauses die feierliche Einweihung.

Unter Einbeziehung älterer Fundamente und der katholischen Kapelle war eine dreigeschossige Anlage auf annähernd hufeisenförmigem Grundriss entstanden, die neben deutschen Vorbildern auch englische, französische und italienische Einflüsse verarbeitete. Die von Stüler einheitlich im Stil der Neugotik gehaltene und vor allem im Hinblick auf ihre Fernwirkung komponierte Architektur wurde um die geschichtlichen Erkenntnisse Stillfrieds ergänzt, die sich insbesondere in der Gestaltung der Innenräume mit ihrer beziehungsreichen Verwendung von Wappen, Porträts, Inschriften sowie der bildlichen Darstellung genealogischer Zusammenhänge und historischer Ereignisse niederschlug. Gleichzeitig erfolgten damals die Aufforstung des bis dahin weitgehend kahlen Zollerbergs sowie eine gärtnerische Gestaltung der inneren Burganlage. Die heutige Burg war jedoch vorrangig als ein nationaldynastisches Monument konzipiert, das weniger als Wohnsitz dienen, sondern vielmehr als ein begehbares Baudenkmal den Ursprung und Aufstieg des Hauses Hohenzollern verkörpern sollte.

Rede des Grafen Stillfried (vorne links mit erhobenem Arm) vor König Wilhelm I. von Preußen (auf der Treppe oben) anlässlich der Einweihung der dritten Burg am 3. Oktober 1867, zeitgenössischer Holzstich.

Drei Aufnahmen aus dem Jahr 1855, auf denen die im Wiederaufbau befindliche Burg offensichtlich noch nachträglich bearbeitet wurde.

Bilder auf dieser Doppelseite: Der als „Adlertor“ bezeichnete Haupteingang zu den dahinter befindlichen Auffahrtsanlagen, die sich ellipsenförmig um zwei Innenhöfe legen und dabei einen Höhenunterschied von 25 Metern überwinden.

Drei Ansichten vom Rohbau des Wehrhauses, der daran anschließenden evangelischen Kapelle sowie des Torturms, der einen mittelalterlichen Vorgängerbau ersetzte und in dem sich seinerzeit die Bauaufsicht einrichtete.

Die Südfront der Burg mit der angegliederten katholischen Kapelle aus dem 15. Jahrhundert im Vordergrund.

Auf den um 1860 entstandenen Fotografien sind keine Baugerüste mehr zu sehen, doch fehlen noch weite Teile der Fensterverglasung.

Das Wehrhaus und die evangelische Kapelle erscheinen gleichfalls gerüstfrei und noch fensterlos, wenngleich bereits durch Wachposten und ein zugehöriges Häuschen gesichert.

In der Ansicht von Südwesten entfaltet sich die geschickte Staffelung der einzelnen Baukörper auf besonders eindrucksvolle Weise. Die Aufnahme zeigt die Burg kurz nach ihrer Fertigstellung auf dem noch spärlich bewachsenen Zollerberg.

Blick in den malerischen Burghof mit der Brunnenlage im Burggarten vorne rechts und der Königslinde in der Mitte, unter der 1851 die Huldigung vor dem neuen preußischen Landesherrn stattfand.

Der in seiner Gestaltung von einem veronesischen Palazzo inspirierte Treppenaufgang führt vom Burghof in die Repräsentationsräume des ersten Obergeschosses.

Die Stammbaumhalle empfängt den Besucher mit genealogischen Wandmalereien, der große Kamin und die hohe Balkendecke lassen englische Vorbilder erahnen. Die Figuren in der Fensternische stellen Hohenzollern aus dem Mittelalter dar und sind Abgüsse von einem Hochgrab im fränkischen Heilsbronn, das vier Jahrhunderte lang als Familiengrablege diente.

Rechts über der Eingangstür sind die ersten urkundlich nachweisbaren Hohenzollern des 11. Jahrhunderts sowie die im frühen 13. Jahrhundert erfolgte Erbteilung in die beiden bis heute bestehenden Hauptlinien aufgeführt.

Durchblick von der Stammbaumhalle in den benachbarten Grafensaal, über der Tür ein Porträt des Grafen Eitel Friedrich II. von Hohenzollern (1452–1512).

Der Grafensaal entfaltet mit seinem auf schlanken Marmorsäulen ruhenden Kreuzrippengewölbe eine geradezu sakrale Atmosphäre. Als größter Raum der Burg bildet er den Fest- und Speisesaal.

Der wie in der Stammbaumhalle aus Solnhofener Platten und italienischem Marmor in den hohenzollerischen Wappenfarben gehaltene Fußboden wurde zeitweilig durch einen Linoleumläufer geschützt, wie die Aufnahmen aus den 1920er-Jahren erkennen lassen.

Neben Wanddekorationen aus Rüstungen, Schilden, Hellebarden und Schwertern im Sinne eines Waffensaals weist die nördlich angeschlossene Kaiserhalle (links) Statuen von Kaisern des Heiligen Römischen Reichs auf, zu denen die Hohenzollern in besonderer Beziehung standen.

Die Galerie zwischen Grafensaal und dem einstigen Wohntrakt wurde als Bibliothek mit halbhohen Eichenschränken gestaltet, in denen sich ursprünglich Literatur zur Geschichte der Hohenzollern und ihrer Stammburg befand. Auf der Talseite links wurden Bänke und Sitznischen an den Fenstern angeordnet.

Die Wandgemälde über den Schränken stammen von Wilhelm Peters (1817–1903) und erzählen Sagen und historische Ereignisse aus der Zeit der beiden Vorgängerburgen, hier die Zerstörung und den Wiederaufbau im 15. Jahrhundert.

Über dem Kamin der Bibliothek wurde ein Abguss der Grabplatte des Grafen Eitel Friedrich II. von Hohenzollern und seiner Gemahlin Magdalena von Brandenburg angebracht, deren Original sich in der Hechinger Stiftskirche St. Jakobus befindet.

Das anschließende Zimmer im Markgrafenturm war als Salon des Königs vorgesehen. Über dem Kamin befindet sich ein Porträtrelief König Friedrichs II. von Preußen (1712–1786), auch „der Große" genannt, den der Erbauer der Burg, Friedrich Wilhelm IV., besonders verehrte.

Die Polsterbank, zwei hohe Armlehnsessel um einen ovalen Tisch sowie diverse Scherenhocker und ein Schreibtisch mit reich geschnitzten Wangen gehören zum originalen Mobiliar des Markgrafenzimmers.

Das Schlafzimmer des Königs war ursprünglich mit ornamentalen Wandmalereien versehen. Auf der um 1900 entstandenen Aufnahme steht in der mit Vorhängen versehenen Nische im Hintergrund ein Toilettetisch mit Waschgeschirr, jedoch kein Bett, was die Vermutung nahelegt, dass der Raum nur als zeitweiliger Rückzugsbereich genutzt wurde.

Im einstigen Schlafzimmer der Königin befanden sich offenbar ebenfalls nur diverse Sitzmöbel, eine Chaiselongue sowie ein Toilettetisch. Wie im Schlafzimmer des Königs war auch hier hinter der Spiegeltür links ein damals hochmodernes „Water Closet“ untergebracht.

Der ursprünglich als „Zimmer der Königin" bezeichnete Blaue Salon gehört zu den prächtigsten Räumen der Burg. Neben der aufwendigen Kassettendecke, den goldfarbenen Wandmalereien und dem aus verschiedenen Hölzern bestehenden Fußboden bestimmten die lichtblau bezogenen Polstermöbel den Gesamteindruck.

Wie die historischen Aufnahmen erkennen lassen, wurde dieses aus diversen Sofas, Sesseln, Lehnstühlen, Hockern und Fußkissen bestehende Mobiliar mehrfach umgruppiert.

Der vermutlich vom Architekten Friedrich August Stüler entworfene Schreibtisch der Königin mit Uhrenaufsatz und seitlichen Leuchterfiguren wurde in Nürnberg angefertigt und gehört zu den aufwendigsten Möbelstücken in der Burg.

Im zweiten und dritten Obergeschoss waren ursprünglich Wohnräume für die fürstliche Familie des schwäbischen Zweigs der Hohenzollern vorgesehen. Dieser Raum sollte Fürst Karl Anton als Arbeits- und Schlafzimmer dienen.

Der runde Salon der Fürstin Josephine, deren Statuette rechts auf dem Kamin zu sehen ist, befindet sich im Markgrafenturm und erhielt neugotisches Mobiliar mit karmesinroten Bezügen.

Die noch aus der Mitte des 15. Jahrhunderts stammende katholische St. Michaelskapelle erfuhr im Lauf der Jahrhunderte zahlreiche Um- und Neugestaltungen. Bereits 1823 wurden hier wertvolle Glasgemälde des 13. Jahrhunderts aus dem einstigen Dominikanerinnenkloster in Stetten bei Hechingen eingesetzt. Im Zuge des Wiederaufbaus der Burg wurde das Innere mit einem neuen Anstrich und Rankenmalereien im Gewölbe sowie einem neugotischen Altar versehen.

An der Westwand wurden eine spätgotische Lindenholzskulptur des Hl. Georg aus Rhäzüns (Schweiz) sowie Totenschilde angebracht, die auf eine diesbezügliche Verwandtschaftsbeziehung der Hohenzollern nach Graubünden verweisen.

Durch die im 19. Jahrhundert hinzugefügte Vorhalle wurde der Eingang zur Kapelle um 90 Grad verlegt. Mit den Rüstungen, Waffen und farbigen Kabinettscheiben im Erker erschien der Raum um 1900 geradezu museal ausgestattet.

Die unterschiedlichen Konfessionen der beiden Familienzweige machten beim Wiederaufbau im 19. Jahrhundert die Errichtung einer evangelischen Kapelle erforderlich. Deren neugotische Verglasung wurde von der Firma Oidtmann in Linnich bei Aachen hergestellt, während Ausstattungsstücke wie das Altarkreuz, die Kanzel, der siebenarmige Leuchter oder der Taufstein aus der königlichen Eisengießerei in Berlin kamen.

In der Kapelle fanden u.a. regelmäßig Gottesdienste für die Militärbesatzung statt, die auf einem Harmonium (hinten in der Mitte zu sehen) begleitet wurden. Bei Anwesenheit von Mitgliedern des Herrscherhauses konnten diese in der erhöhten Loge an der Westwand Platz nehmen.

Vor dem mit einer Reliefdarstellung des Kurfürsten Friedrich I. von Brandenburg (1371–1440) und dem preußischen Wappentier geschmückten Adlertor posieren Wachsoldaten auf der Zugbrücke.

Mit der nach dem Deutsch-Französischen Krieg erfolgten Reichsgründung von 1871 und der Proklamation Wilhelms I. zum ersten Deutschen Kaiser begann für die die sich bereits länger abzeichnende Führungsrolle Preußens eine neue Ära. Als „Wiege des deutschen Kaiserhauses“ gewann nun auch die Burg Hohenzollern in der öffentlichen Wahrnehmung an Bedeutung. Bereits während ihres Wiederaufbaus war sie öffentlich zugänglich und schon 1863 finden sich Hinweise auf Führungen durch die dortigen Soldaten sowie eine im Untergeschoss des Südflügels eingerichtete Gastronomie.

Mit der 1869 eröffneten Bahnlinie von Tübingen nach Hechingen wurde ein Besuch der Burg weiteren Bevölkerungskreisen ermöglicht, wenngleich die Reisenden auch von dem zusätzlich 1874 erbauten „Zollerbahnhof“ noch eine nicht unbeträchtliche Wegstrecke zurückzulegen hatten. War bereits die Wiederherstellung der Burg als eine Förderungsmaßnahme für das bis dahin agrarisch geprägte Hohenzollern zu betrachten, erwies sich ihre touristische Anziehungskraft gleichfalls als ein wichtiger Wirtschaftsfaktor für die gesamte Region.

Nicht zuletzt spiegeln sich die wachsenden Besucherzahlen auch in der großen Vielfalt der Ansichtskarten jener Zeit, auf denen nahezu alle Register der damaligen (foto-)grafischen Möglichkeiten gezogen wurden. Die mit montierten Porträts des Kaisers, Wappen, Flaggen und sonstigen Attributen des Kaiserreichs versehenen Karten verbreiteten fortan das patriotisch geprägte Bild der „Kaiserburg“. Während ihre Rückseite zunächst lediglich der Anschrift des Empfängers vorbehalten war und persönliche Mitteilungen nur auf dem eigentlichen Bildmotiv untergebracht werden mussten, wurde 1905 der bis heute geläufige Typus der Ansichtskarte eingeführt, deren Rückseite getrennte Felder für Adresse und Text aufweist.

Besuche von Mitgliedern des Kaiserhauses fanden vergleichsweise selten statt. Wilhelm I. war insgesamt viermal auf der Burg, sein als Kaiser Friedrich III. (1831–1888) nur drei Monate lang regierender Sohn kam zweimal. Dessen Nachfolger Kaiser Wilhelm II. (1859–1941) weilte von allen preußischen Herrschern mit fünf Besuchen am häufigsten auf der Stammburg. Diese waren jedoch in der Regel auf wenige Stunden beschränkt und umfassten meist eine Besichtigung der einzelnen Räumlichkeiten, die Einnahme einer der Tageszeit und Gesellschaft entsprechenden Mahlzeit sowie einen Eintrag in das Gästebuch, jedoch keine Übernachtung.

Auch Fürst Karl Anton von Hohenzollern-Sigmaringen (1811–1885) und sein Nachfolger Fürst Leopold (1835–1905) kamen regelmäßig mit ihren Familien und Gästen auf die Burg. Ihnen standen im zweiten und dritten Obergeschoss eigene Wohnräume zur Verfügung, doch zogen auch sie es vor, bei längeren Aufenthalten in Hechingen zu übernachten, wo sie in Schloss Lindich und der Villa Eugenia offenbar komfortablere Voraussetzungen vorfanden. Durch das gleichzeitig bis 1919 auf der Burg stationierte Militär, das zeitweilig bis zu 100 Mann umfasste, sowie einen vor Ort tätigen Kastellan und seine Mitarbeiter war die Burg aber auch ohne Besucher stets mit Leben erfüllt. Zudem erforderte nicht zuletzt ihre in besonderem Maße der Witterung ausgesetzte Höhenlage von 855 m ü.d.M. regelmäßige Instandsetzungsmaßnahmen, was die häufige Anwesenheit von Handwerkern nach sich zog, die auf der Burg seit jeher ein reiches Betätigungsfeld vorfanden.

Die mystisch im Mondschein liegende Burg auf einer um 1900 entstandenen Ansichtskarte entspricht den spätromantischen Vorstellungen jener Zeit.

Nach der Reichsgründung 1871 wurde die Burg Hohenzollern als „Wiege des Kaiserhauses“ gefeiert, was sich in der sprunghaft anwachsenden Vielfalt der zunehmend patriotisch geprägten Ansichtskarten spiegelte.

Die fortgeschrittenen Gestaltungs- und Herstellungsmöglichkeiten schlugen sich auch in teilweise ausgesprochen fantasievollen Motiven nieder, die deutliche Spuren der Montage und Retusche tragen.

Kaiser Wilhelm II. besuchte die Burg häufiger, kam jedoch nicht zu Pferd, sondern mit der Bahn, der Kutsche und zuletzt bereits mit dem Automobil. Bei seinem Besuch am 16. Juni 1905 schickte er seiner in Potsdam weilenden Gemahlin Auguste Victoria eine Karte mit einer kolorierten Ansicht des Burggartens und beschrieb sie mit „Innigste Grüße, Wilhelm I.R." (Imperator Rex).

Bis zur Jahrhundertwende hatte sich das Bild des Burghofs durch den starken Bewuchs der Fassaden bereits stark verändert. Auch die durchgehende Pflasterung verlieh der Szenerie noch einen urtümlicheren Charakter.

Zu den prominenten Besuchern der Burg gehörten König Wilhelm II. von Württemberg (1848–1921) und seine Gemahlin Charlotte (1864–1946), die am 28. Juni 1899 im Beisein des hohenzollerischen Fürstenpaares der Aufführung eines im Freien aufgeführten historischen „Festspiels“ beiwohnten. In der vorderen Reihe das württembergische Königspaar neben Fürst Leopold und Fürstin Antonia (mit einer Kamera in der Hand!).

Nachdem sich am 16. November 1911 auf der Schwäbischen Alb ein starkes Erdbeben ereignet hatte, kam Kaiser Wilhelm II. ein letztes Mal auf die Burg, um sich vor Ort von der Lage zu überzeugen. Dabei begleiteten ihn das fürstenbergische Fürstenpaar aus Donaueschingen, wo er als Jagdgast weilte. Die offenbar von einem Mitglied des Gefolges angefertigten Amateuraufnahmen sind zwar von eher mangelhafter Qualität, stellen aber die bislang einzigen bildlichen Dokumente dieser Art dar. Auf dem Burghof steht der Kaiser mit hellem Mantel und Stock in der Mitte. Auf dem Rundgang durch die Burganlage inspizierte der Monarch auch ein auf der Bastei aufgestelltes Geschütz.

Der Kaiser und neben bzw. hinter ihm Fürstin Irma sowie Fürst Max Egon II. zu Fürstenberg beim Betrachten der Aussicht vom Altan am Bischofsturm.

Kaiser Wilhelm II. beim Verlassen der katholischen St. Michaelskapelle.

Zum Abschluss wurde an einer langen Tafel im Grafensaal gespeist, der in der winterlichen Jahreszeit vermutlich ein vergleichsweise kühles Ambiente bot.

Über dem Kamin der Stammbaumhalle erscheint ein 1915 geschaffenes Nagelwappen, das als Symbol für Kriegsspenden diente und zugleich an die Ernennung der Hohenzollern zu Markgrafen von Brandenburg 500 Jahre zuvor erinnerte. Das Relief über der Eingangstür wurde nach einem Besuch Kaiser Wilhelms II. am 9. November 1899 angebracht; exakt 25 Jahre später dankte er ab.

Mit dem Ende der Monarchie und dem Abzug der Militärs war das einstige Wehrhaus seit 1919 verwaist. Am rechten Bildrand ist die Winterverschalung des Brunnens zu erkennen.

Die Lettern über dem Eingang zum früheren Wehrhaus künden von einer neuen Ära: Burgwirtschaft. Die Tische und Stühle zur Bewirtung im Vordergrund wirken indessen noch etwas improvisiert.

Veränderte Vorzeichen und Fortführung der Traditionen

Mit der Abdankung Wilhelms II. im Jahre 1918 erschien auch die Zukunft der Burg Hohenzollern vorübergehend ungewiss. Nach langwierigen Vermögensauseinandersetzungen zwischen dem preußischen Staat und dem Haus Hohenzollern trat 1926 ein Vertrag in Kraft, demzufolge die Burg – im Gegensatz zur Mehrheit der einstigen preußischen Schlösser – weiterhin im Eigentum der Familie verblieb. Dies erschien offenbar auch in Anbetracht der Tatsache opportun, dass ihr Wiederaufbau seinerzeit zu einem Drittel von den süddeutschen Hohenzollern finanziert worden war, die bereits seit 1849 nicht mehr regierten und denen auch weiterhin der eigentliche Zollerberg gehörte.

Nach Abzug der Militärmannschaft konnten im Erdgeschoss des Wehrhauses neue Räumlichkeiten für die Gastronomie geschaffen werden, um die touristische Erschließung der Burg fortzuführen und den inzwischen gestiegenen Ansprüchen der Besucher gerecht zu werden. Auch der idyllische Burggarten wurde fortan in der wärmeren Jahreszeit als Gartenlokal bewirtschaftet. In das erste Obergeschoss zog 1920 die Hohenzollerische Landessammlung, die der Landeskonservator und Architekt Friedrich Wilhelm Laur (1858–1934) ab 1896 zusammengetragen hatte und die den Grundstock des heute in Hechingen eingerichteten Hohenzollerischen Landesmuseums bildete.

Als Aufenthaltsort für Familienmitglieder hatte die Burg in jenen Jahren jedoch nur eine untergeordnete Bedeutung, zumal sich der Kaiser im Exil in Holland befand, wo sich auch sein ältester Sohn Kronprinz Wilhelm (1882–1951) zeitweilig aufhielt, bevor er 1923 nach Deutschland zurückkehren durfte und sich fortan vorwiegend in Potsdam sowie im schlesischen Oels aufhielt.

Während des Zweiten Weltkriegs wurden einige Räume als Erholungsheim für Flieger eingerichtet, während die Burg selbst glücklicherweise weitgehend von Angriffen verschont blieb. Nach Kriegsende gehörte Hechingen zur französischen Besatzungszone. Der sich zu diesem Zeitpunkt zur Kur in Oberstdorf aufhaltende Kronprinz wurde zunächst unter Arrest gestellt, durfte dann jedoch seinen Aufenthaltsort selbst bestimmen und entschied sich für die Burg Hohenzollern. Diese erwies sich aber in Anbetracht ihrer problematischen Beheizbarkeit als wenig geeignet, so dass Kronprinz Wilhelm die letzten Lebensjahre vorwiegend in Hechingen verbrachte. Seine Gemahlin Cecilie (1886–1954), die aus Potsdam nach Bad Kissingen geflohen war, besuchte ihn dort regelmäßig und lebte zuletzt in Stuttgart. Beide fanden auf dem Familienfriedhof im einstigen Offiziersgarten ihre letzte Ruhestätte.

Unter ihrem Sohn Prinz Louis Ferdinand von Preußen (1907–1994) erlangte die Burg Hohenzollern neue Bedeutung, zumal sie nach der Zerstörung und Enteignung der meisten der bis dahin verbliebenen Besitzungen eine der letzten historischen Immobilien in Familieneigentum darstellte. Zu den baulichen Maßnahmen der Folgejahre gehörte u.a. die Einrichtung einer „Schatzkammer" mit bedeutenden Kunstgegenständen und Erinnerungsstücken aus der preußischen Geschichte in der ehemaligen Burgküche sowie der aus heutiger Sicht bedauerliche Abriss der Brunnenanlage, der zugleich als Ausdruck der seinerzeit herrschenden Geringschätzung des neugotischen Stils zu interpretieren ist. Umso erfreulicher erscheinen dagegen die damals gelungenen Neuerwerbungen, zu denen neben zahlreichen Familienporträts auch kunsthandwerkliche Objekte sowie zwei vor ihrer Zerstörung gerettete Tore der Kaiser-Wilhelm-Gedächtniskirche in Berlin gehören.

Mit seiner Frau Prinzessin Kira von Preußen (1909–1967), einer russischen Großfürstin aus dem Hause Romanow, gründete Prinz Louis Ferdinand 1952 eine nach ihr benannte Stiftung, die zunächst Kindern aus Berlin, in späterer Zeit auch aus anderen Gebieten, kostenlose Ferienaufenthalte auf der Burg Hohenzollern ermöglichte. Dafür wurden im Zweiten Obergeschoss des ehemaligen Wehrhauses entsprechende Räumlichkeiten geschaffen. Die Arbeit der Stiftung finanziert sich seither vorrangig durch alljährlich im Grafensaal abgehaltene Wohltätigkeitskonzerte, bei denen im Lauf der Jahre zahlreiche namhafte Künstler auftraten und gelegentlich auch eigene Kompositionen des Prinzen zur Aufführung gelangten.

Daneben zeugen die hier seither abgehaltenen familiären Anlässe und Feiern, wie etwa Taufen, Trauungen, Geburts- und Jahrestage, aber auch Beisetzungen auf dem Familienfriedhof sowie in der nach dem Tod von Prinzessin Kira eingerichteten (nicht zugänglichen) russisch-orthodoxen Auferstehungskapelle von einer ungebrochenen Kontinuität. Darin unterscheidet sich die Burg Hohenzollern von Bauwerken ihrer Art, die heutzutage nur noch museal genutzt werden, und verkörpert zugleich sinnfällig die Fortsetzung einer nahezu 1000-jährigen Familientradition.

Der in den 1920er-Jahren gleichfalls gastronomisch erschlossene Burggarten bietet eine idyllische Szenerie vor der damals noch intakten Brunnenanlage.

Spontane Aufnahme mit Blick auf die Figur Friedrich Wilhelms IV. unter einem tabernakelartigen Baldachin, die als einziger Bestandteil der einstigen Brunnenanlage bis heute erhalten blieb.

Die wirtschaftliche Krise in den 1920er-Jahren spiegelt sich auch in der mitunter minderwertigen Papier- und Druckqualität der Ansichtskarten aus jener Zeit, die jedoch motivisch durchaus künstlerische Ambitionen verfolgten.

Der Überflug eines Zeppelin-Luftschiffes 1929 bzw. 1930 bot spektakuläre Perspektiven und stand sogar in gewissem lokalen Bezug, da der Vater des Luftschiffpioniers zeitweilig in hohenzollerischen Diensten in Hechingen gestanden hatte.

Kronprinz Wilhelm verbrachte seine letzten Lebensjahre in Hechingen und kam in dieser Zeit regelmäßig auf die Burg; hier wurde er neben der Kanone im Burghof fotografiert.

Im Spiegel links ist das Profil der letzten Kronprinzessin Cecilie, Gemahlin des Kronprinzen Wilhelm, zu erkennen, die das Schlafzimmer der Königin bei ihren Aufenthalten auf der Burg noch bewohnte.

Am 21. Juni 1949 heiratete Prinzessin Cecilie von Preußen (1917–1975), jüngste Tochter des Kronprinzenpaares, den texanischen Innenarchitekten Clyde K. Harris (1918–1958) auf der Burg Hohenzollern. Die standesamtliche Trauung fand im Markgrafenzimmer statt.

Prinzessin Cecilie unterzeichnet die Heiratsurkunde, links und rechts neben ihr stehen als Trauzeugen ihre Brüder Prinz Louis Ferdinand und Prinz Friedrich von Preußen, im Hintergrund sitzen ihre Eltern Kronprinz Wilhelm und Kronprinzessin Cecilie.

Der Brautvater Kronprinz Wilhelm geleitet seine Tochter über den Burghof zur evangelischen Kapelle. Das mediale Interesse an diesem Ereignis war auch dreißig Jahre nach Ende der Monarchie nicht abgeklungen, wie die Zahl der Fotografen belegt.

Bereits zu Lebzeiten hatte Kronprinz Wilhelm das sogenannte Offiziersgärtchen auf der St. Michaelsbastei zu seiner letzten Ruhestätte bestimmt. Nach seinem Ableben am 20. Juli 1951 in Hechingen wurde er dieser Vorgabe entsprechend auf der Burg Hohenzollern beigesetzt.

Neben der Grabplatte des Kronprinzen kam die Urne seines in Südwestafrika verstorbenen Sohnes Prinz Hubertus (1909–1950) zur Aufstellung.

Die 1954 in Bad Kissingen verstorbene Kronprinzessin Cecilie fand ebenfalls auf der Burg Hohenzollern ihre letzte Ruhestätte.

Allein die Anzahl der zu ihrer Beisetzung eingegangen Kränze, die ringsum auf den Basteimauern verteilt wurden, macht deutlich, dass hier die Repräsentantin einer großen Dynastie zu Grabe getragen wurde.

In den folgenden Jahren wurden weitere Familienmitglieder auf dem ummauerten Privatfriedhof beigesetzt, unter ihnen auch der Herrenmeister des Johanniterordens Prinz Oskar von Preußen (1888–1958).

Der dem Kronprinzen als Chef des Hauses nachfolgende Prinz Louis Ferdinand von Preußen veranlasste 1952, dass die kriegsbedingt von Potsdam über Bernterode/ Harz nach Marburg gelangten Särge Friedrichs des Großen und seines Vaters, des sogenannten Soldatenkönigs Friedrich Wilhelm I., auf die Burg Hohenzollern gebracht wurden. In der evangelischen Christuskapelle kamen nun historische Regimentsfahnen und daneben eine Standarte des Leibregiments Garde du Corps zur Aufstellung, während die Wände mit dunkelrotem Samt verhängt wurden.

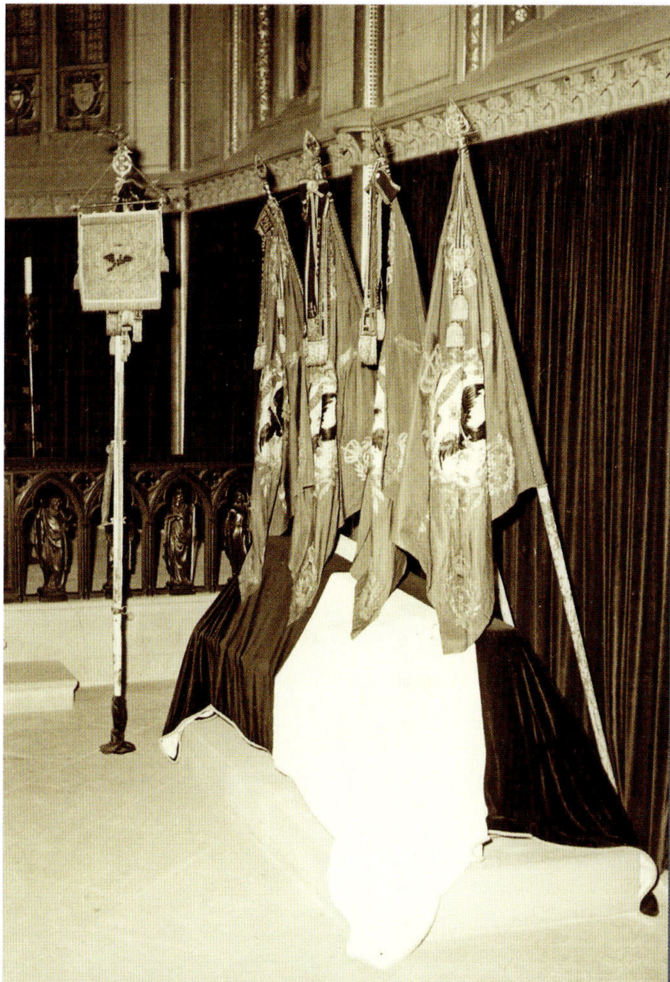

Die sterblichen Überreste des wohl bedeutendsten Hohenzollern-Herrschers blieben 39 Jahre lang auf der Stammburg, bevor die Wiedervereinigung Deutschlands eine im August 1991 erfolgte Rückführung nach Potsdam ermöglichte. Seither ist Friedrich II. seinem letzten Willen entsprechend auf der Terrasse vor Schloss Sanssouci neben seinen Hunden beigesetzt.

Im Juli 1962 fand anlässlich des 250. Geburtstages von Friedrich dem Großen ein Gedenkgottesdienst in der Christuskapelle statt. Des Weiteren wurde auf der Burg im Rahmen der sogenannten Fridericus-Feiern alljährlich am 24. Januar der eigentliche Geburtstag des Königs gewürdigt.

In den 1950er-Jahren wurde in der einstigen Burgküche die sogenannte Schatzkammer mit zahlreichen bedeutenden Kunstgegenständen und Erinnerungsstücken eingerichtet. Darunter befinden sich die preußische Königskrone von 1889, kostbares Silber und Porzellan, ein Uniformrock Friedrichs des Großen und ein silberbesticktes Hofkleid der Königin Luise von Preußen. Infolge eines Einbruchs kam es 1953 bedauerlicherweise zu unwiederbringlichen Verlusten, doch gelangten seither auch zahlreiche weitere Exponate aus den privaten Sammlungen des Hauses Preußen in die Dauerausstellung.

Auch in den sonstigen Räumen der Burg wurden Kunstgegenstände, darunter eine umfangreiche Porträtstichsammlung zu Friedrich dem Großen sowie zahlreiche Familienbildnisse und Berliner Veduten untergebracht. Dafür neutralisierte man die beiden königlichen Schlafzimmer sowie die dazwischen liegenden Ankleidezimmer, was einen Bruch mit dem umliegenden Raumgefüge bedeutete, der im Zuge späterer Restaurierungen wieder in Teilen rückgängig gemacht wurde. Blicke in das einstige Ankleidezimmer des Königs sowie das frühere Schlafzimmer der Königin.

Zu den zahlreichen Neuerwerbungen, die Prinz Louis Ferdinand für die Burg Hohenzollern erstand, gehörten auch zwei Tore der im Zweiten Weltkrieg stark beschädigten Kaiser-Wilhelm-Gedächtniskirche in Berlin. Diese konnten 1961 von einem Altwarenhändler angekauft und damit vor der Zerstörung bewahrt werden. Eines der Tore wurde am Eingang zur St. Michaelsbastei eingebaut, während das Aposteltor (oben) vor dem Eingang zur evangelischen Christuskapelle seine neue Bestimmung fand.

Prinz Louis Ferdinand und Prizessin Kira begrüßen Berliner Kinder, die auf Einladung der nach ihr benannten Stiftung Ferien auf der Burg machen. Die ersten Gruppen wurden 1954 noch von der amerikanischen Luftbrücke von Berlin nach Frankfurt/M. gebracht.

Das Prinzenpaar zeigt den Feriengästen die Statue Friedrich Wilhelms IV., der den Wiederaufbau der Burg im 19. Jahrhundert initiierte.

Das Foto lässt erahnen, welche Energien der Aufenthalt im ländlichen Südwesten damals in den Mädchen freisetzte, die aus dem immer noch vom Krieg gezeichneten Berlin kamen.

Bereits 1954 bildeten die zur Schonung der historischen Böden eingesetzten Filzpantoffeln einen wichtigen Bestandteil des Burgerlebnisses.

Das geometrische Muster des Bodenbelags im Grafensaal animierte offenbar zu kreativen Gruppenaufnahmen.

Der berühmte Geigenvirtuose Yehudi Menuhin (1966–1999) mit Ferienkindern vor seinem Auftritt zu Gunsten der Prinzessin Kira von Preußen-Stiftung.

Die Bibliothek wurde vor den Konzerten kurzerhand zur Garderobe für die Musiker umfunktioniert.

Prinzessin Kira von Preußen mit Ferienkindern auf der Treppe zur Stammbaumhalle auf dem Weg ins Konzert.

Auftritt des Sängers Ivan Rebroff (1931–2008) mit seinem Ensemble im kerzenerleuchteten Grafensaal.

Prinzessin Kira dankt dem Dirigenten Prof. Karl Münchinger (1915–1990) nach einem Auftritt des Stuttgarter Kammerorchesters, das häufig auf der Burg Hohenzollern konzertierte.

Das Ausblasen der Kerzen an den Kronleuchtern des Grafensaals nach einem Konzert und dem anschließenden Empfang stellte bereits damals ein beliebtes Ritual dar.

Auch die Ansichtskarten der 1950er- und -60er-Jahre spiegeln den damaligen Zeitgeist. Auf der Karte unten rechts sind acht überlebensgroße Bronzestatuen dargestellt, die aus der einstigen Ruhmeshalle des Berliner Zeughauses stammen und 1961 als Leihgaben auf die Burg Hohenzollern kamen.

Seit 1867 wachen die stummen Zinnenwächter über alle, die auf die Burg kommen und sie wieder verlassen. Im Hintergrund befindet sich der private Familienfriedhof im einstigen Offiziersgarten.

Die gleichfalls malerische „Rückseite" der Burg mit der imposanten Auffahrt; im Hintergrund erscheint am Horizont der Schwarzwald.

Die Burg aus der Ferne von Norden mit der Silhouette der einstigen Residenzstadt Hechingen, die vom Turm der Stiftskirche St. Jakobus dominiert wird.

Auch im Winter entfaltet die Burg ihre Reize und erweist sich als lohnendes Fotomotiv und Ausflugsziel.

Buchhinweise

Potsdamer Leben zur Kaiserzeit
Eine Zeitreise in Bildern

Hartmut Ellrich

ISBN: 978-3-95400-232-0

14,95 €

Berlin zur Kaiserzeit
Fotografien von P.A. Lebrun

Wolfgang Bartmann

ISBN: 978-3-86680-806-5

19,95 €

Buchhinweise

Alltag in Berlin
Fotos der Gebrüder Haeckel 1900–1914

Dr. Dirk Palm

ISBN: 978-3-86680-164-6

19,90 €

Die Potsdamer Feuerwehr
150 Jahre im Dienst des Brandschutzes

Rainer Pupka

ISBN: 978-3-978-3-86680-818-8

18,95 €

Zeitsprünge **Hechingen**

Uwe A. Oster

ISBN: 978-3-95400-196-5

19,95 €

Situationsplan der Burg Hohenzollern nach Friedrich August Stüler (1865):

1 Adlertor
2 Rampenturm mit Auffahrt
3 Wilhelmsturm
4 Scharrwacht-Bastei
5 Neue Bastei
6 Fuchsloch-Bastei
7 Spitz
8 Scharfeck-Bastei
9 Garten-Bastei
10 Michaels-Bastei
11 Torturm
12 Burggarten
13 Brunnen (abgetragen)
14 Königslinde im Burghof (abgetragen)
15 Evangelische Christuskapelle
16 Wehrhaus (heute Restaurant, Verwaltung, Prinzessin Kira von Preußen-Stiftung)
17 Kaiserturm
18 Bischofsturm
19 Wartturm (heute Fahnenturm)
20 Markgrafenturm
21 Michaelsturm
22 Katholische St. Michaelskapelle

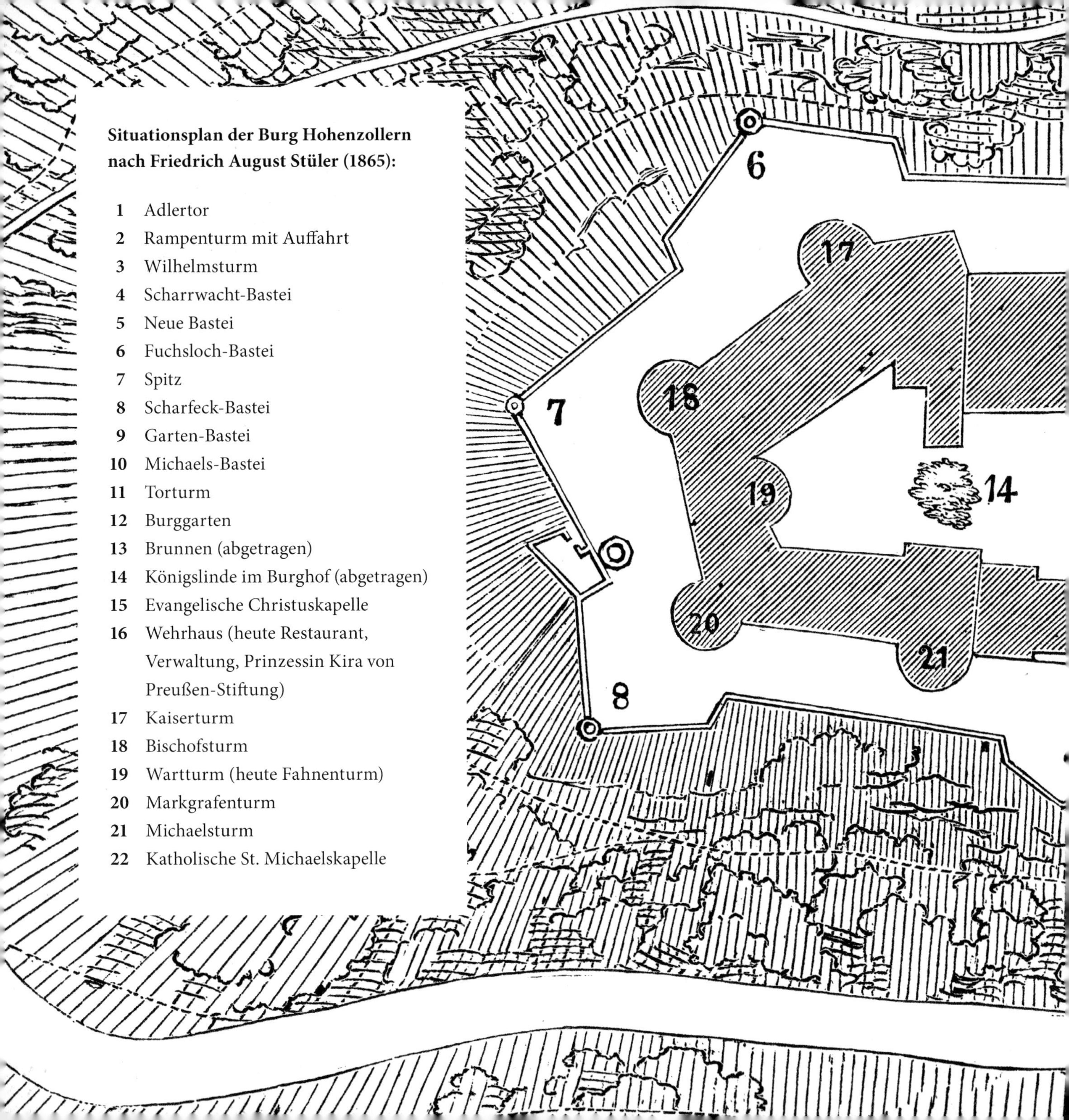